Impressum
Verlag: BABADADA GmbH, Nedderfeld 112 , 22529 Hamburg
Geschäftsführer / Verlagsleitung: Harald Hof
Druck: Books on Demand GmbH, In de Tarpen 42, 22848 Norderstedt

Imprint
Publisher: BABADADA GmbH, Nedderfeld 112 , 22529 Hamburg, Germany
Managing Director / Publishing direction: Harald Hof
Print: Books on Demand GmbH, In de Tarpen 42, 22848 Norderstedt

學校

škola

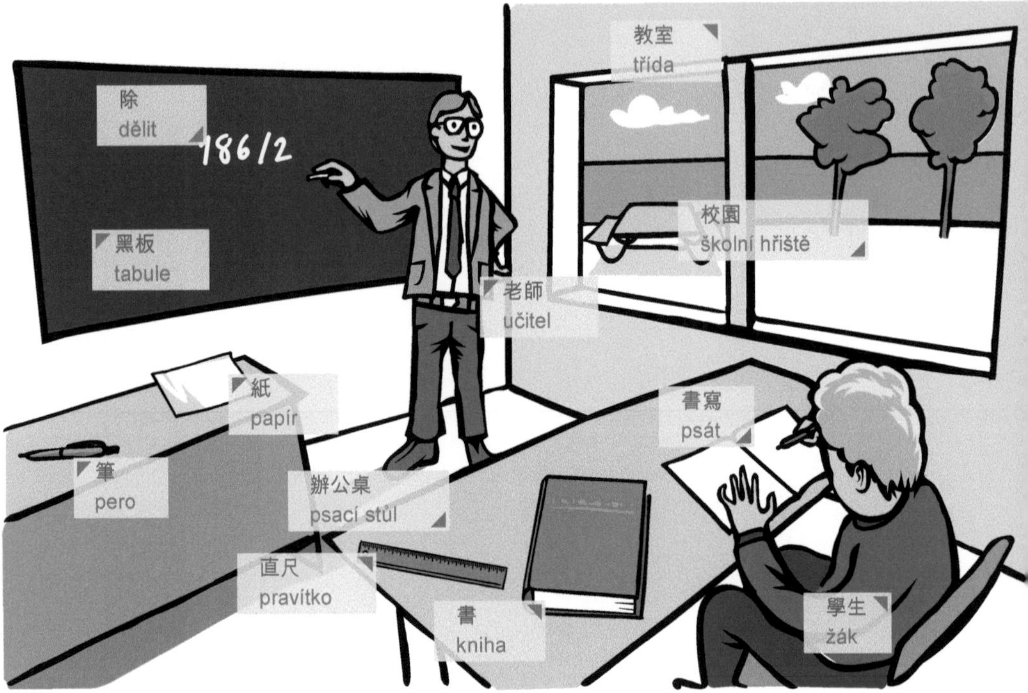
教室
třída
除
dělit
186/2
黑板
tabule
校園
školní hřiště
老師
učitel
紙
papír
書寫
psát
筆
pero
辦公桌
psací stůl
直尺
pravítko
書
kniha
學生
žák

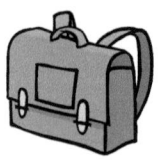

書包

aktovka

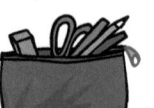

鉛筆盒

penál

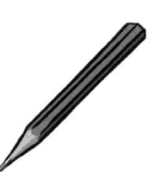

鉛筆

tužka

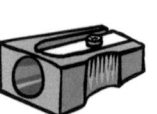

削鉛筆機

ořezávátko

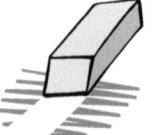

橡皮擦

guma

畫板

blok na kreslení

圖畫
výkres

畫筆
štětec

顏料盒
malířské potřeby

剪刀
nůžky

膠水
lepidlo

練習冊
cvičebnice

家庭作業
domácí úkol

12

數字
počet

2+2

加
sčítat

5-2

減
odčítat

2×2

乘
násobit

計算
počítat

A

字母
písmeno

ABCDEFG
HIJKLMN
OPQRSTU
VWXYZ

字母表
abeceda

hello

字
slovo

課文

text

讀

číst

粉筆

křída

上課

hodina

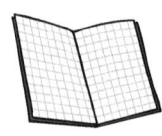

登記

třídní kniha

考試

zkouška

證書

vysvědčení

校服

školní uniforma

教育

vzdělání

百科全書

encyklopedie

大學

univerzita

顯微鏡

mikroskop

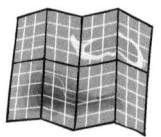

地圖

karta

廢紙簍

odpadkový koš na papír

旅行
cesta

飯店
hotel
Grand
青年旅社
ubytovna
ROOMS
外幣兌換處
směnárna
CHANGE
手提箱
kufr
汽車
auto

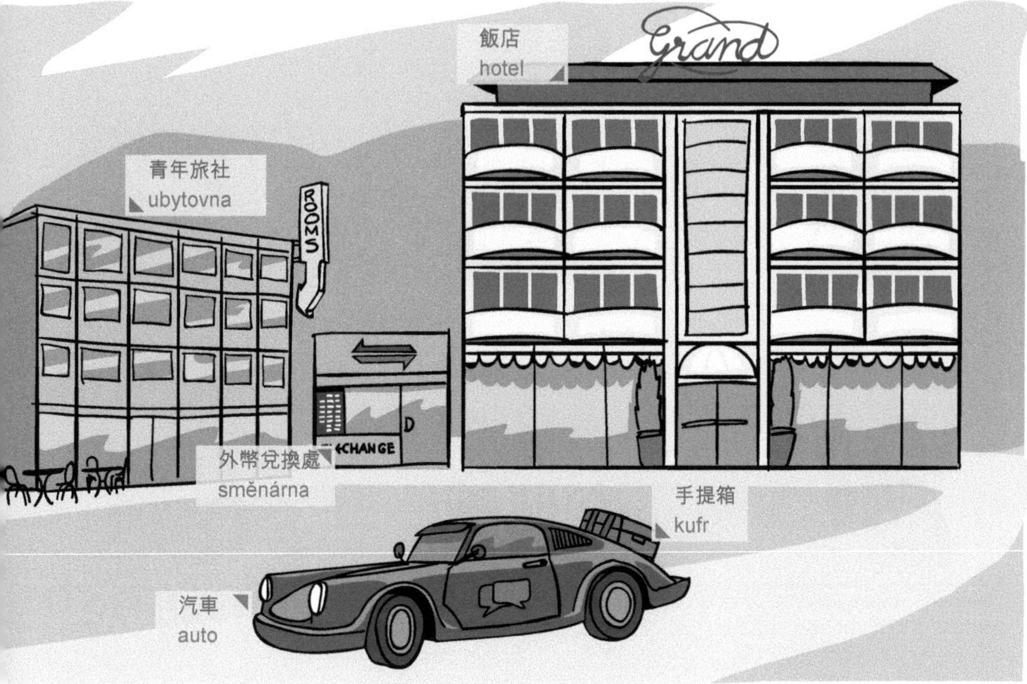

語言
jazyk

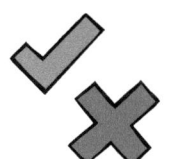

是/否
ano / ne

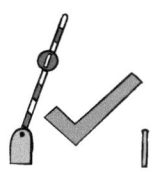

好的
oukej

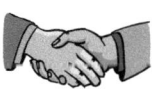

您好
Ahoj!

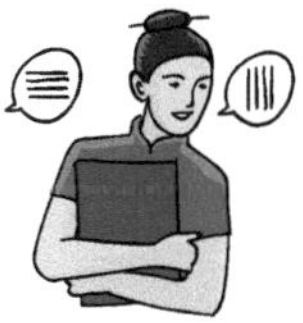

翻譯人員
překladatel

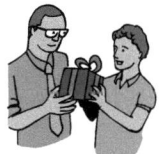

謝謝
děkuji

……多少錢？

Kolik stojí...?

我不明白

nerozumím

問題

problém

晚上好！

Dobrý večer!

早上好！

Dobré ráno!

晚安！

Dobrou noc!

再見

na shledanou

方向

směr

行李

zavazadlo

包

taška

背包

batoh

客人

host

房間

pokoj

睡袋

spací pytel

帳篷

stan

旅行資訊

turistické informace

海灘

pláž

信用卡

kreditní karta

早餐

snídaně

午餐

oběd

晚餐

večeře

票

jízdenka

電梯

výtah

郵票

poštovní známka

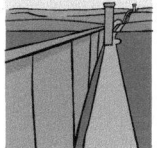

邊界

hranice

海關

clo

大使館

poselství

簽證

vízum

護照

pas

交通運送

transport

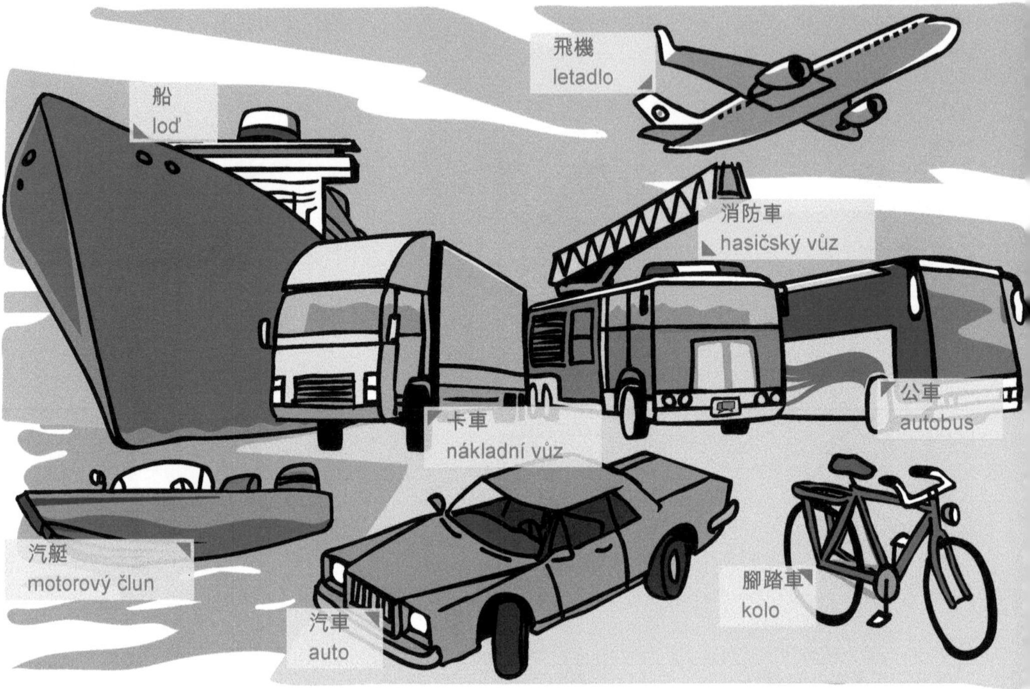
飛機
letadlo
船
loď
消防車
hasičský vůz
公車
autobus
卡車
nákladní vůz
汽艇
motorový člun
腳踏車
kolo
汽車
auto

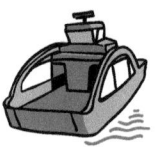

渡輪

přívoz

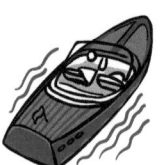

小船

člun

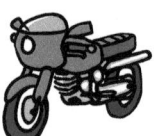

機車

motorka

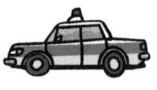

警車

policejní auto

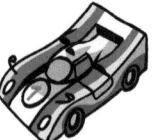

賽車

závodní auto

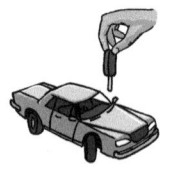

租車

pronajaté auto

拼車

sdílení aut

拖車

odtahová služba

垃圾車

popelářský vůz

馬達

motor

汽油

palivo

加油站

čerpací stanice

交通標識

dopravní značka

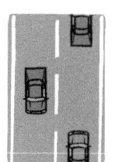

交通

doprava

交通堵塞

dopravní zácpa

停車場

parkoviště

火車站

vlakové nádraží

軌道

koleje

火車

vlak

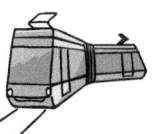

路面電車

tramvaj

客車廂

vagón

直升機
helikoptéra

機場
letiště

塔
věž

乘客
pasažér

集裝箱
kontejner

紙板箱
kartón

手推車
trakař

籃子
koš

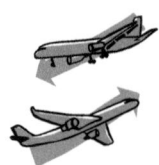

起飛/降落
vzlétnout / přistát

城市

město

村莊
vesnice

市中心
střed města

房子
dům

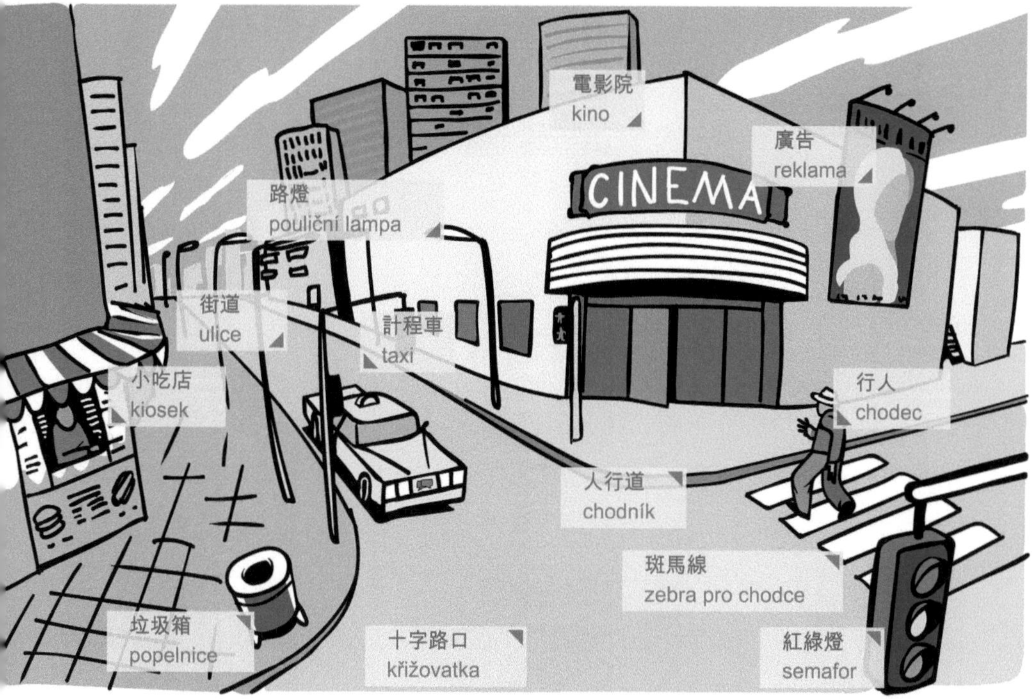

電影院
kino
CINEMA
廣告
reklama
路燈
pouliční lampa
街道
ulice
計程車
taxi
小吃店
kiosek
行人
chodec
人行道
chodník
斑馬線
zebra pro chodce
垃圾箱
popelnice
十字路口
křižovatka
紅綠燈
semafor

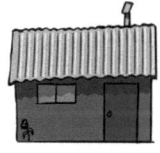

小屋

chata

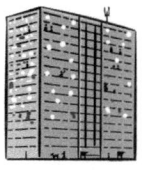

公寓

byt

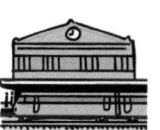

火車站

vlakové nádraží

市政廳

radnice

MUSEUM

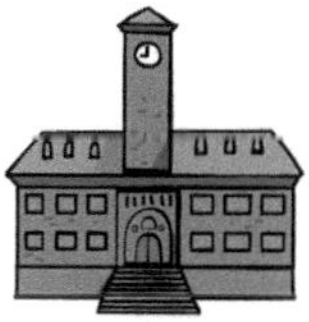

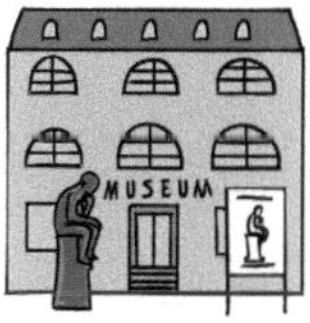

博物館

muzeum

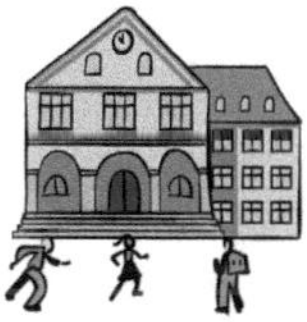

學校

škola

大學

univerzita

銀行

banka

醫院

nemocnice

飯店

hotel

藥房

lékárna

辦公室

kancelář

書店

knihkupectví

商店

obchod

花店

květinářství

超市

supermarket

市場

tržnice

百貨商店

obchodní dům

魚店

rybárna

購物中心

nákupní centrum

海港

přístav

公園

park

長凳

lavička

橋

most

樓梯

schody

捷運

metro

隧道

tunel

公車站

autobusová zastávka

酒吧

bar

餐館

restaurace

郵筒

poštovní schránka

路標

pouliční tabule

停車計時器

parkovací hodiny

動物園

zoo

游泳池

plovárna

清真寺

mešita

農場

usedlost

污染

znečišťování životního prostředí

墓地

hřbitov

教堂

církev

操場

hřiště

寺廟

chrám

地形

krajina

樹葉
list

指示牌
rozcestník

路
cesta

草地
louka

石頭
kámen

樹
strom

徒步旅行者
turista

河
řeka

草
tráva

花
květina

峽谷

údolí

丘陵

hora

湖

jezero

森林

les

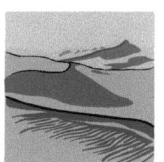

沙漠

poušť

火山

sopka

城堡

zámek

彩虹

duha

蘑菇

houba

棕櫚樹

palma

蚊子

komár

蒼蠅

moucha

螞蟻

mravenec

蜜蜂

včela

蜘蛛

pavouk

甲蟲

brouk

青蛙

žába

松鼠

veverka

刺蝟

ježek

野兔

zajíc

貓頭鷹

sova

鳥

pták

天鵝

labuť

野豬

divoké prase

鹿

jelen

麋鹿

los

水壩

přehrada

風力發電機

větrné kolo

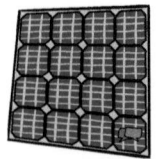

太陽能電池板

solární panel

氣候

podnebí

餐館

restaurace

服務生
číšník
菜譜
jídelní lístek
椅子
židle
湯
polévka
披薩餅
pizza
餐具
příbor
桌布
ubrus

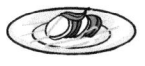

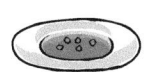

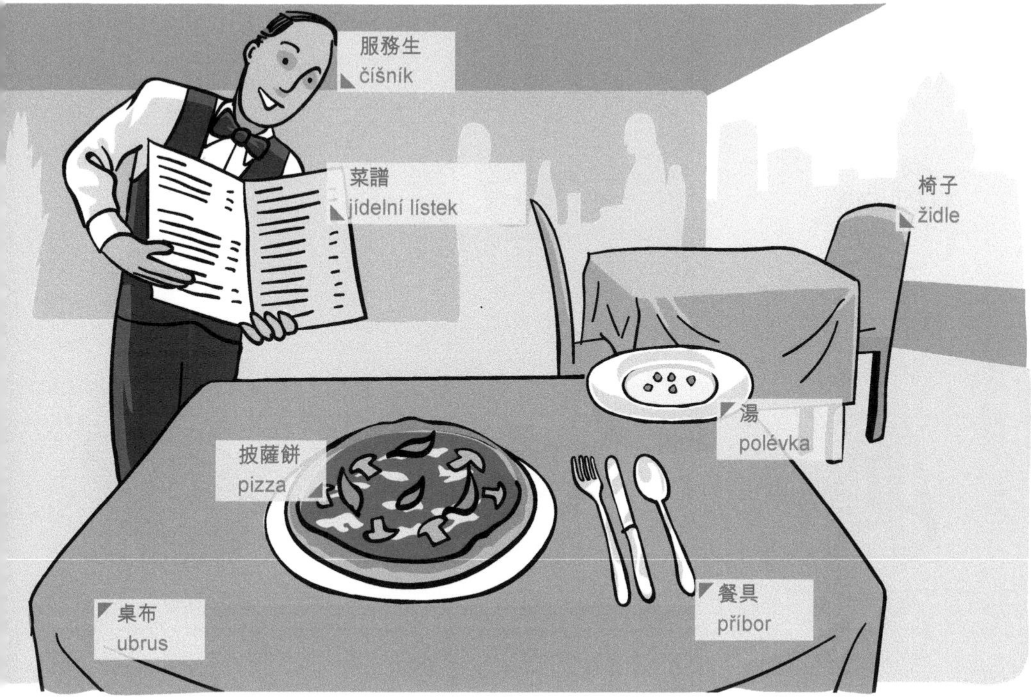

前菜

předkrm

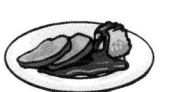

主菜

hlavní chod

甜點

dezert

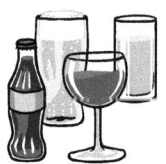

飲料

nápoje

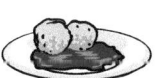

食物

jídlo

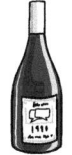

瓶子

láhev

速食

rychlé občerstvení

街邊小吃

pouliční občerstvení

茶壺

čajová konvice

糖盒

cukřenka

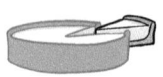

一份飯菜

porce

義式咖啡機

kávovar na espresso

高腳椅

dětská stolička

帳單

faktura

托盤

tác

刀

nůž

餐叉

vidlička

勺子

lžíce

茶匙

čajová lyžička

餐巾

ubrousek

玻璃杯

sklenička

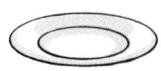

碟子

talíř

湯盤

talíř na polévku

碟子

podšálek

醬

omáčka

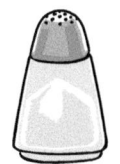

鹽瓶

slánka

胡椒研磨罐

mlýnek na pepř

醋

ocet

食用油

olej

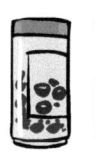

調味料

koření

番茄醬

kečup

芥末

hořčice

美乃滋

majonéza

超市

supermarket

FOR
特價
nabídka
顧客
zákazník
乳製品
mléčné výrobky
水果
ovoce
購物車
nákupní vozík

BUTCHERS

肉鋪

masna

BAKERY

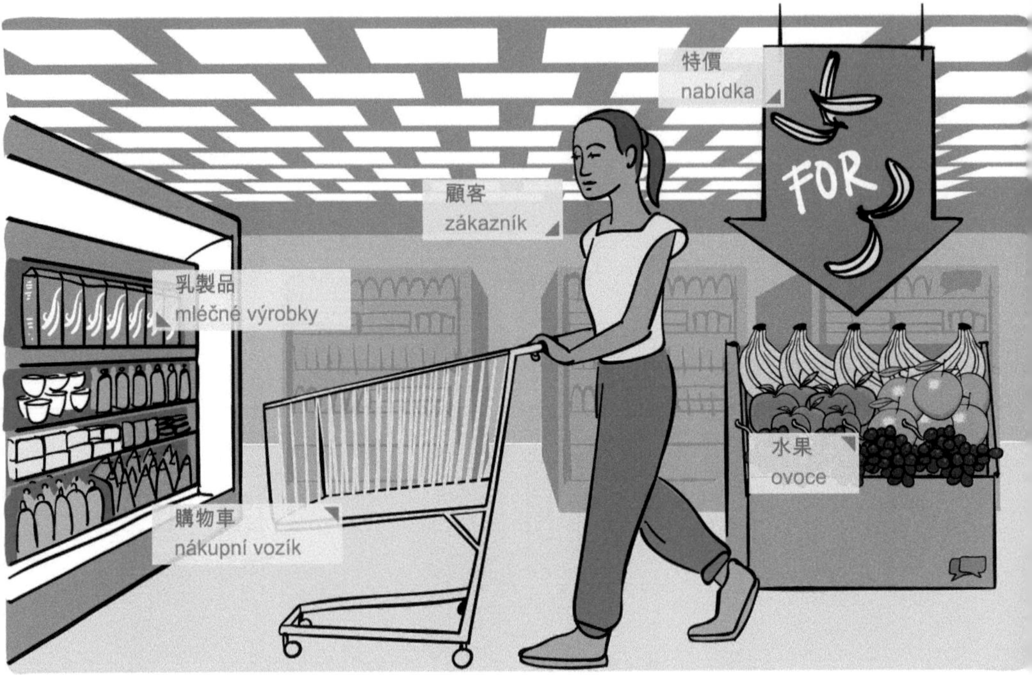

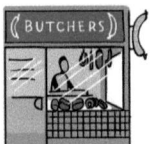

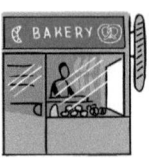

麵包店

pekařství

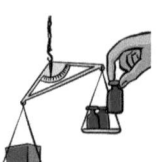

稱重

vážit

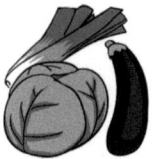

蔬菜

zelenina

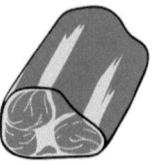

肉

maso

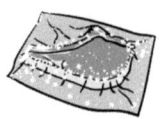

冷凍食品

mražené potraviny

冷盤

obložený talíř

罐頭食品

konzervy

洗衣粉

prací prášek

甜食

cukrovinky

日用品

výrobky pro domácnost

清潔用品

čisticí prostředek

銷售員

prodavačka

收銀機

pokladna

收銀員

pokladní

購物清單

nákupní seznam

開放時間

otevírací doba

錢包

peněženka

信用卡

kreditní karta

袋子

taška

塑膠袋

igelitová taška

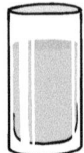

水

voda

果汁

džus

牛奶

mléko

可樂

kola

紅酒

víno

啤酒

pivo

酒

alkohol

可可

kakao

茶

čaj

咖啡

káva

義式濃縮咖啡

espresso

卡布奇諾

kapučíno

香蕉

banán

蘋果

jablko

柳丁

pomeranč

西瓜

meloun

檸檬

citrón

胡蘿蔔

mrkev

大蒜

česnek

竹子

bambus

洋蔥

cibule

蘑菇

houba

堅果

ořechy

麵條

těstoviny

義大利麵

špageti

米飯

rýže

沙拉

salát

薯條

hranolky

炸馬鈴薯

americké brambory

披薩餅

pizza

漢堡

hamburger

三明治

sendvič

炸豬排

řízek

火腿

šunka

義大利臘腸

salám

香腸

salám

雞肉

kuře

烤肉

pečeně

魚

ryby

燕麥片

ovesné vločky

木斯里

müsli

玉米片

vločky

麵粉

mouka

牛角麵包

croissant

麵包捲

houska

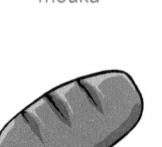

麵包

chléb

吐司

toast

餅乾

sušenky

奶油

máslo

凝乳

tvaroh

蛋糕

buchta

蛋

vejce

煎蛋

volské oko

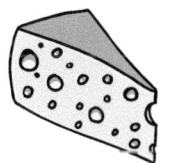

起司

sýr

冰淇淋

zmrzlina

糖

cukr

蜂蜜

med

果醬

marmeláda

巧克力醬

nugátový krém

咖哩

kari

農場
usedlost

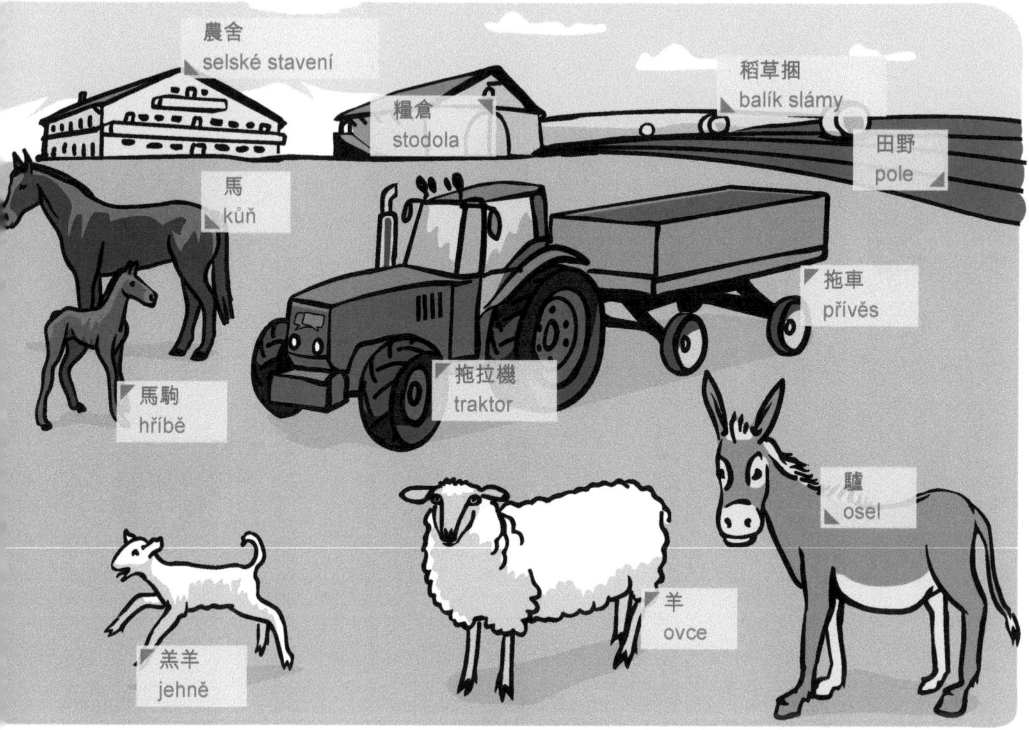
農舍
selské stavení
糧倉
stodola
稻草捆
balík slámy
田野
pole
馬
kůň
拖車
přívěs
拖拉機
traktor
馬駒
hříbě
驢
osel
羊
ovce
羔羊
jehně

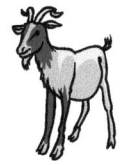

山羊
koza

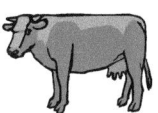

奶牛
kráva

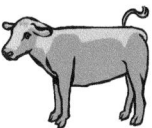

小牛
tele

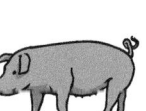

豬
prase

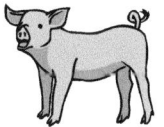

小豬
sele

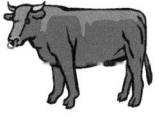

公牛
býk

鵝

husa

鴨

kachna

小雞

kuře

母雞

slepice

公雞

kohout

鼠

krysa

貓

kočka

老鼠

myš

牛

vůl

狗

pes

狗屋

psí bouda

花園澆水軟管

zahradní hadice

澆水壺

kropicí konev

長柄大鐮刀

kosa

犁

pluh

鐮刀

srp

鋤頭

motyka

長柄草耙

vidle

斧頭

sekera

獨輪手推車

kolecko

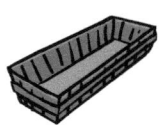

飼料槽

koryto

牛奶罐

konev na mléko

麻布袋

pytel

柵欄

plot

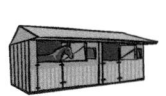

馬廄

stáj

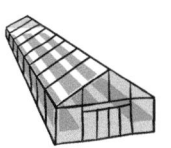

溫室

skleník

土壤

půda

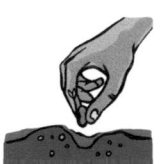

種子

osivo

肥料

hnojivo

聯合收割機

kombajn

收割

sklidit

收割

sklizeň

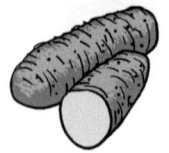

地瓜

smldinec

小麥

pšenice

大豆

sója

土豆

brambora

玉米

kukuřice

油菜籽

řepka

果樹

ovocný strom

樹薯

maniok

穀物

obilí

房子
dům

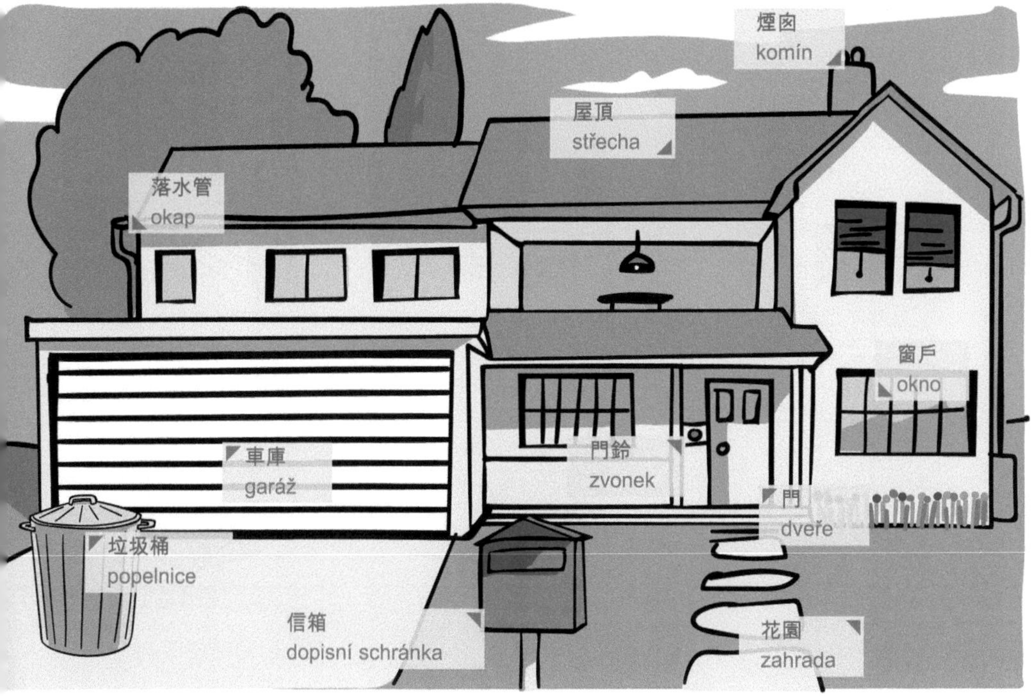

煙囪
komín
屋頂
střecha
落水管
okap
窗戶
okno
車庫
garáž
門鈴
zvonek
門
dveře
垃圾桶
popelnice
信箱
dopisní schránka
花園
zahrada

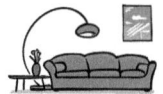

客廳

obývací pokoj

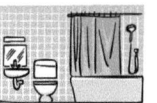

浴室

koupelna

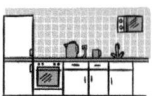

廚房

kuchyně

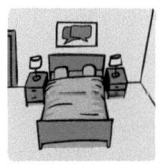

臥室

ložnice

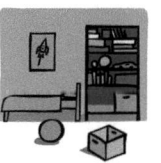

兒童房

dětský pokoj

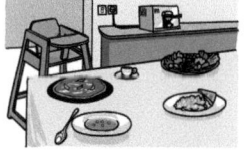

餐廳

jídelna

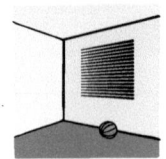

地板

podlaha

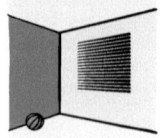

牆壁

zeď

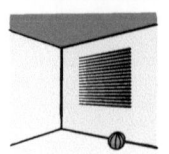

天花板

deka

地窖

sklep

三溫暖

sauna

陽臺

balkón

露臺

terasa

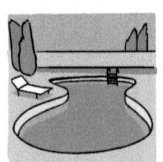

游泳池

bazén

割草機

sekačka na trávu

被單

ložní prádlo

床罩

lůžková přikrývka

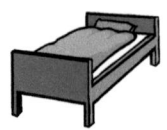

床

postel

掃帚

smeták

水桶

kýbl

開關

vypínač

客廳
obývací pokoj

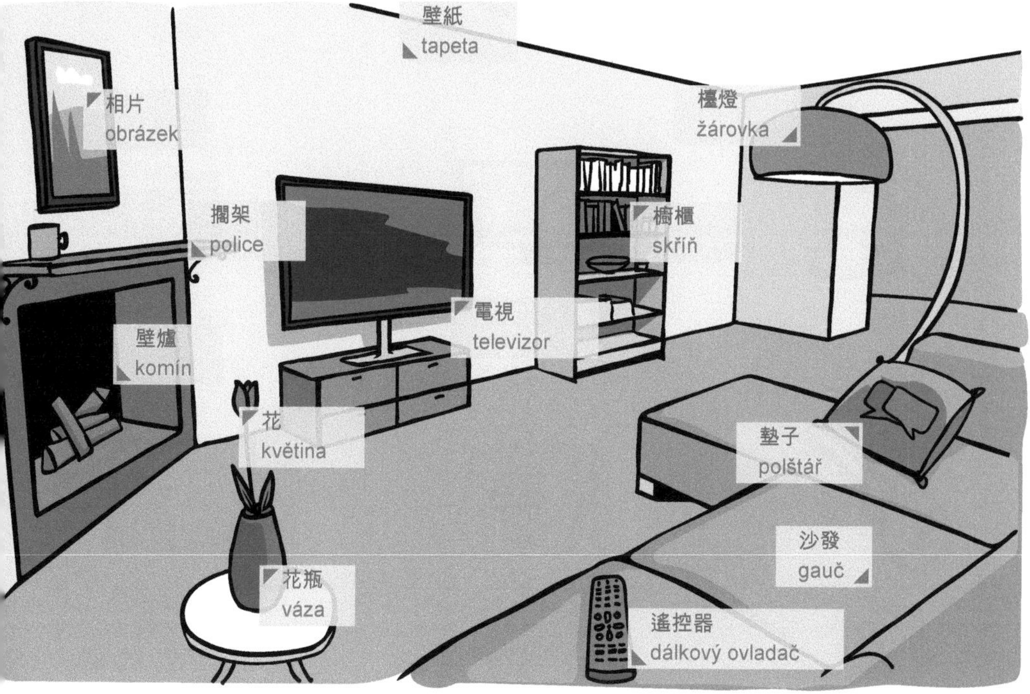

壁紙
tapeta
相片
obrázek
檯燈
žárovka
擱架
police
櫥櫃
skříň
電視
televizor
壁爐
komín
花
květina
墊子
polštář
沙發
gauč
花瓶
váza
遙控器
dálkový ovladač

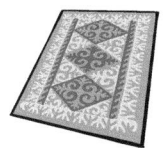

地毯

koberec

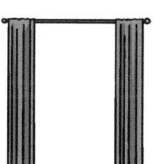

窗簾

závěs

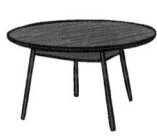

餐桌

stůl

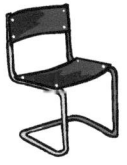

椅子

židle

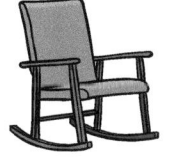

搖椅

houpací křeslo

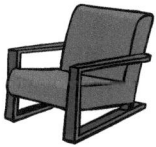

扶手椅

křeslo

書
....
kniha

毯子
....
strop

裝飾品
....
ozdoba

木柴
....
palivové dříví

電影
....
film

高傳真音響
....
stereo souprava

鑰匙
....
klíč

報紙
....
noviny

油畫
....
malba

海報
....
plakát

收音機
....
rádio

筆記本
....
poznámkový blok

吸塵器
....
vysavač

仙人掌
....
kaktus

蠟燭
....
svíce

客廳 - obývací pokoj

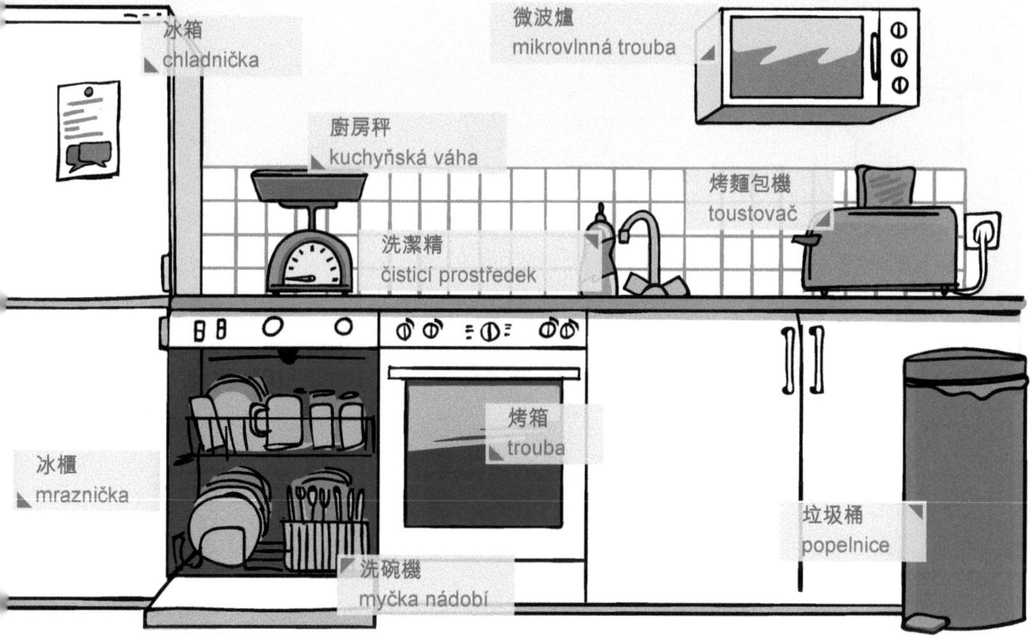

冰箱
chladnička

微波爐
mikrovlnná trouba

廚房秤
kuchyňská váha

烤麵包機
toustovač

洗潔精
čisticí prostředek

冰櫃
mraznička

烤箱
trouba

垃圾桶
popelnice

洗碗機
myčka nádobí

炊具
sporák

鍋
hrnec

鑄鐵鍋
litinový hrnec

炒鍋
wok / kadai

平底鍋
pánev

水壺
varná konvice

蒸鍋

parní hrnec

烤盤

plech na pečení

陶瓷鍋

nádobí

馬克杯

hrnek

碗

miska

筷子

jídelní hůlky

長柄勺

naběračka

鏟子

obracečka

攪拌器

metla

濾網

síto

篩子

cedník

磨碎機

struhadlo

研缽

hmoždíř

燒烤

gril

明火

ohniště

菜板

prkénko na krájení

擀麵杖

váleček na těsto

開瓶器

vývrtka

罐子

dóza

開罐器

otvírák na konzervy

隔熱手套

chňapka

水槽

umyvadlo

刷子

kartáč na nádobí

海綿

houba

攪拌機

mixér

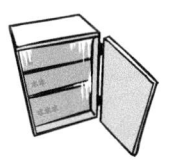

冷藏箱

mrazák

奶瓶

dětská lahev

水龍頭

kohoutek

浴室

koupelna

淋浴
sprcha
供暖裝置
topení
毛巾
ručník
浴簾
sprchový závěs
泡沫浴
pěnová koupel
浴缸
vana
玻璃杯
sklenička
洗衣機
pračka
水龍頭
kohoutek
瓷磚
obkladačky
便壺
nočník
水槽
umyvadlo

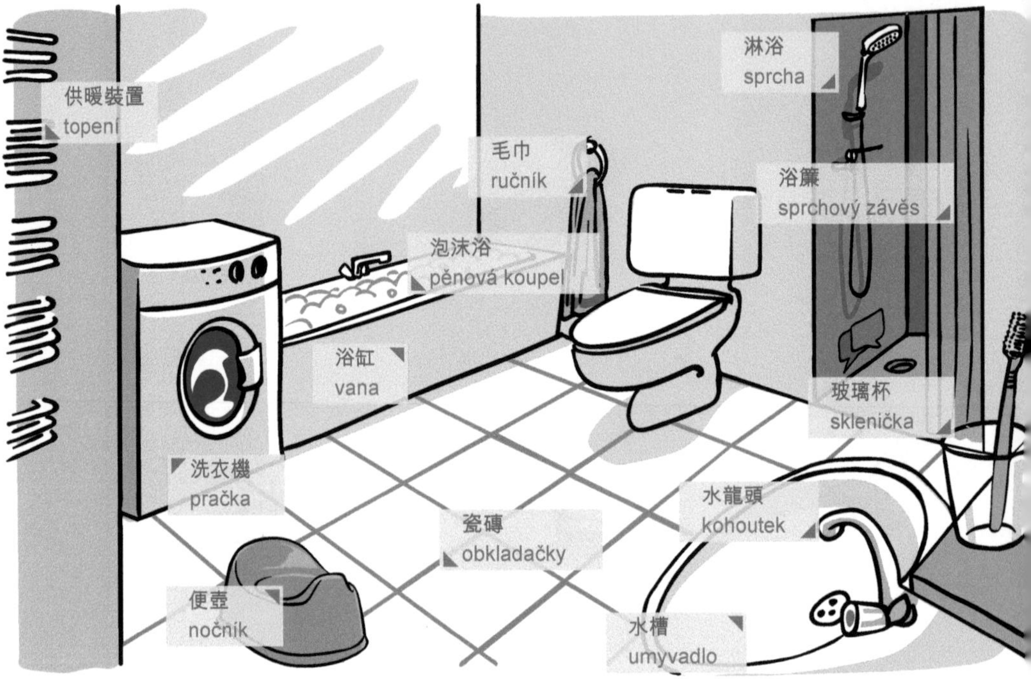

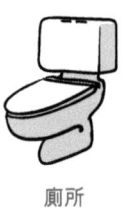

廁所

záchod

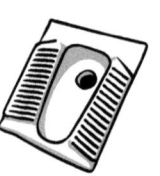

蹲便器

turecký záchod

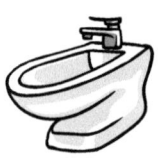

坐浴器

bidet

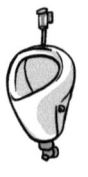

小便斗

pisoár

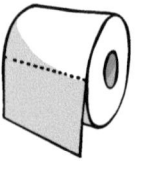

廁紙

toaletní papír

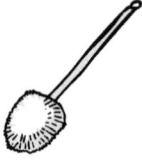

馬桶刷

záchodová štětka

牙刷

zubní kartáček

牙膏

zubní pasta

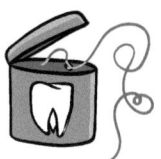

牙線

zubní niť

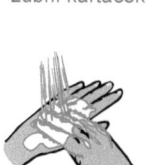

洗

mýt

手持式蓮蓬頭

ruční sprcha

沖洗器

intimní sprcha

洗臉盆

umyvadlo

洗背刷

kartáč na záda

肥皂

mýdlo

沐浴露

sprchový gel

洗髮乳

šampón

法蘭絨

žínka

排水

odpad

乳霜

krém

除臭劑

deodorant

鏡子

zrcadlo

手鏡

kosmetické zrcátko

刮鬍刀

holicí strojek

刮鬍泡沫

pěna na holení

鬍後水

voda po holení

梳子

hřeben

刷子

kartáč

吹風機

fén

噴髮定型劑

lak na vlasy

化妝品

makeup

唇膏

rtěnka

指甲油

lak na nehty

化妝棉

vata

指甲剪

nůžky na nehty

香水

parfém

洗漱包

aška s toaletními potřebami

凳子

stolička

計重秤

váha

浴袍

župan

橡膠手套

gumové rukavice

衛生棉條

tampón

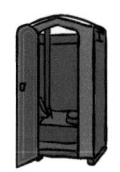

衛生棉

dámská vložka

化學廁所

chemická toaleta

兒童房

dětský pokoj

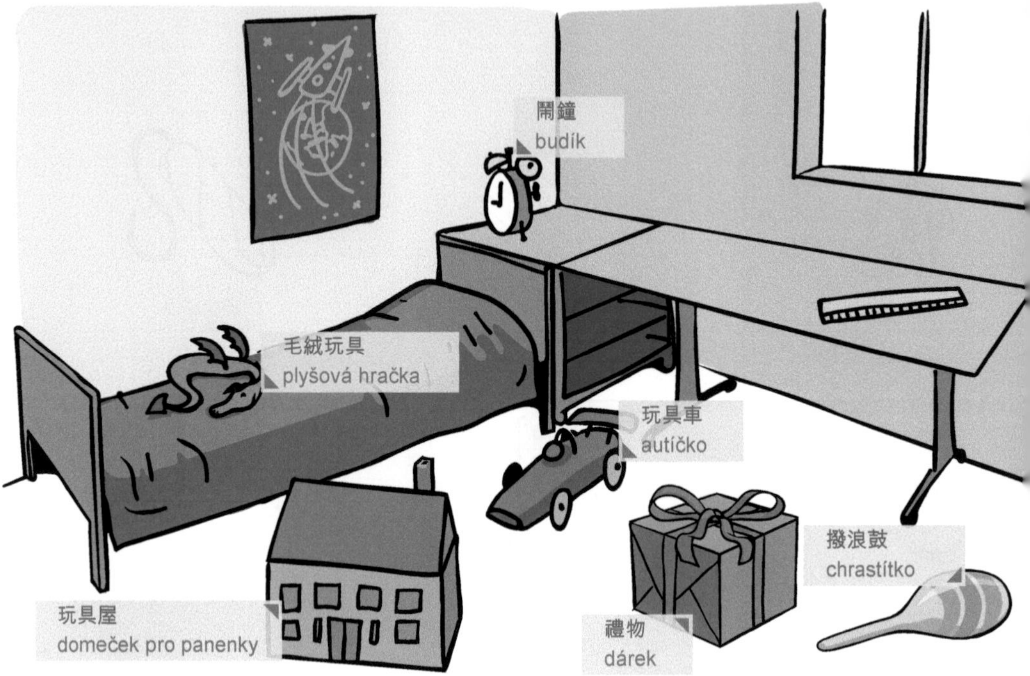

鬧鐘
budík
毛絨玩具
plyšová hračka
玩具車
autíčko
撥浪鼓
chrastítko
玩具屋
domeček pro panenky
禮物
dárek

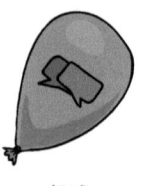

氣球

balón

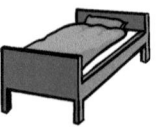

床

postel

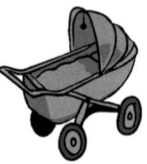

嬰兒車

kočárek

撲克牌

balíček karet

拼圖

puzzle

SUPER
MEGA

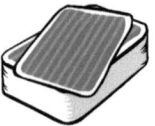

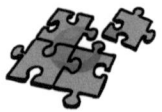

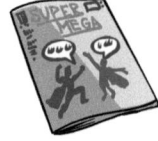

漫畫

komiks

樂高積木

lego kostky

積木玩具

stavebnice

公仔

akční figurka

嬰兒服

dupačky

飛盤

frisbee

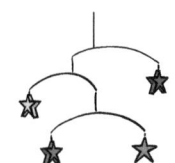

床鈴玩具

závěsné hračky nad postýlku

棋盤遊戲

desková hra

骰子

kostky

火車模型

modelová železnice

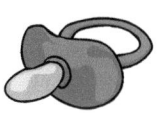

安撫奶嘴

dudlík

派對

oslava

繪本

obrázková kniha

球

míč

洋娃娃

panenka

玩

hrát si

沙坑

pískoviště

鞦韆

houpačka

玩具

hračky

電玩遊戲

hrací konzole

三輪車

tříkolka

泰迪熊

medvídek

衣櫃

šatník

衣服

oblečení

襪子

ponožky

長襪

punčochy

緊身褲

punčochové kalhoty

圍巾
šála

皮帶
pásek

雨傘
deštník

T恤
tričko

靴子
kozačky

拖鞋
domácí obuv

運動鞋
tenisky

涼鞋

sandály

鞋

obuv

雨靴

holínky

內褲

spodní prádlo

胸罩

podprsenka

背心

nátělník

身體

body

褲子

kalhoty

牛仔褲

džíny

短裙

sukně

女式襯衫

blůza

襯衫

košile

套頭衫

svetr

連帽上衣

mikina

西裝夾克

blejzr

夾克

bunda

外套

kabát

雨衣

pláštěnka

套裝

kostým

連衣裙

šaty

婚紗

svatební šaty

西裝

oblek

睡袍

noční košile

睡衣

pyžamo

莎麗

sárí

頭巾

šátek na hlavu

包頭巾

turban

波卡

burka

卡夫坦

kaftan

(阿拉伯式)長袍

abája

泳衣

plavky

男式泳褲

pánské plavky

短褲

kraťasy

運動服

tepláková souprava

圍裙

zástěra

手套

rukavice

鈕扣

knoflík

眼鏡

brýle

手鏈

náramek

項鍊

náhrdelník

戒指

prsten

耳環

náušnice

便帽

čepice

衣架

ramínko

帽子

klobouk

領帶

kravata

拉鍊

zip

安全帽

helma

背帶

kšandy

校服

školní uniforma

制服

uniforma

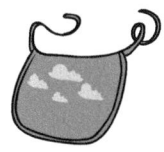

圍兜

bryndák

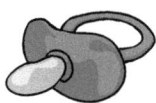

安撫奶嘴

dudlík

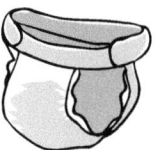

尿布

plena

辦公室
kancelář

伺服器
server
檔案櫃
kartotéka
印表機
tiskárna
紙
papír
螢幕
monitor
滑鼠
myš
辦公桌
psací stůl
資料夾
šanon
鍵盤
klávesnice
廢紙簍
odpadkový koš na papír
電腦
počítač
椅子
židle

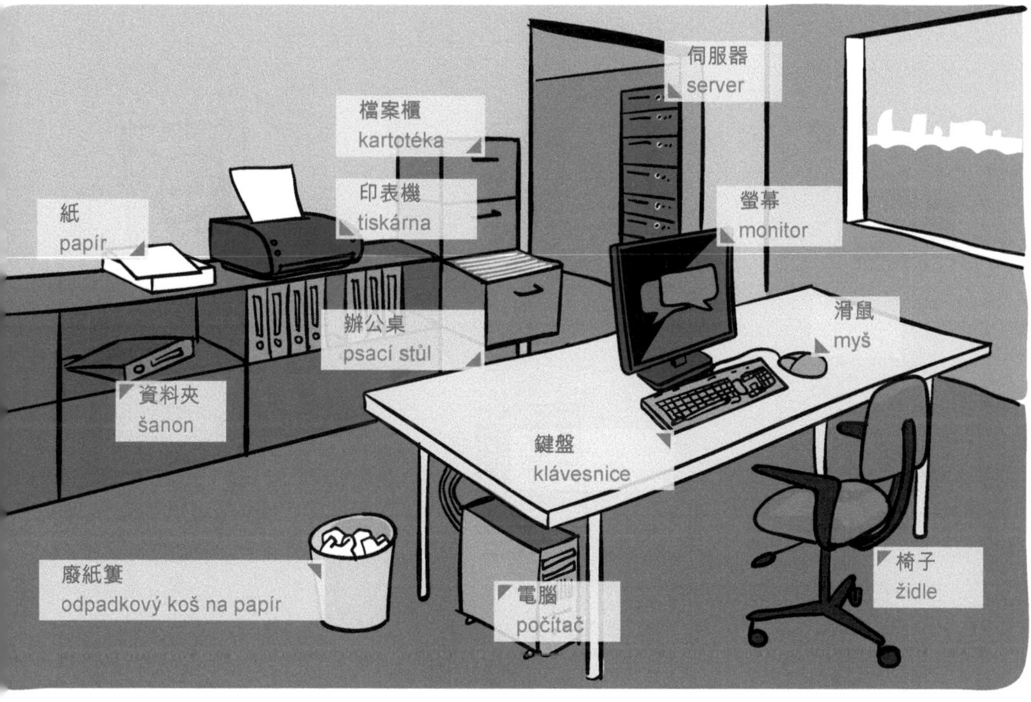

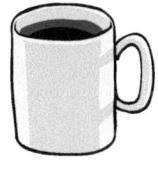

咖啡杯

hrnek na kávu

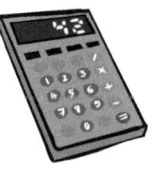

計算機

kalkulačka

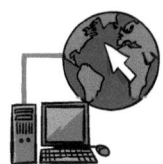

網際網路

internet

筆記型電腦

notebook

信件

dopis

簡訊

zpráva

行動電話

mobil

網路

síť

影印機

kopírka

軟體

software

電話

telefon

插座

zásuvka

傳真機

fax

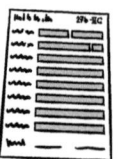

表格

formulář

檔案

dokument

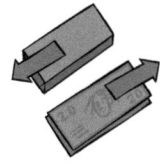

買

nakupovat

付錢

zaplatit

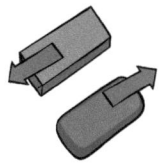

交易

jednat

現金

peníze

美元

dolar

歐元

euro

日元

jen

盧布

rubl

瑞士法郎

frank

人民幣

juan

盧比

rupie

提款處

bankomat

外幣兌換處

směnárna

金

zlato

銀

stříbro

石油

olej

能源

energie

價格

cena

合約

smlouva

稅金

daň

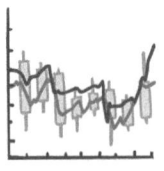

股票

akcie

工作

pracovat

職員

zaměstnanec

老闆

zaměstnavatel

工廠

továrna

商店

obchod

警官
policista

消防員
hasič

廚師
kuchař

醫師
lékař

飛行員
pilot

園丁

zahradník

木匠

truhlář

裁縫

švadlena

法官

soudce

化學家

chemik

演員

herec

公車司機

řidič autobusu

計程車司機

řidič taxi

漁夫

rybář

清洗女工

uklízečka

屋頂工

pokrývač

服務生

číšník

獵人

myslivec

畫家

malíř

麵包師

pekař

電工

elektrikář

建築工人

stavební dělník

工程師

inženýr

屠夫

řezník

水管工

klempíř

郵差

listonoš

士兵

vojÃ¡k

å»ºç¯‰å¸«

architekt

æ”¶éŠ€å“¡

pokladnÃ

èŠ±è¾²

florista

ç†é«®å¸«

kadeÅ™nÃk

å”®ç¥¨å“¡

prÅ¯vodÄÃ

æ©Ÿæ¢°æŠ€å¸«

mechanik

èˆ¹é•·

kapitÃ¡n

ç‰™é†«

zubaÅ™

ç§‘å¸å®¶

vÄ›dec

æ‹‰æ¯”

rabÃn

ä¼Šç‘ªç›®

imÃ¡m

å’Œå°š

mnich

ç‰§å¸«

duchovnÃ

工具
nářadí

鐵錘
kladivo
鉗子
kleště
螺絲起子
šroubovák
扳手
klíč
手電筒
kapesní svítilna

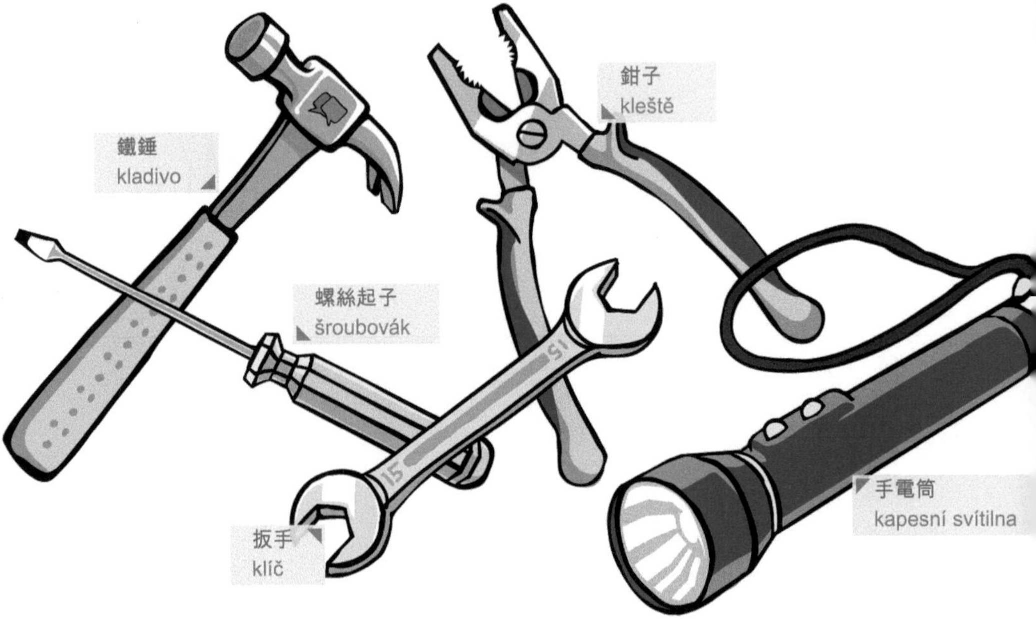

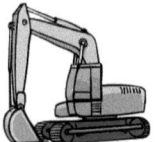

挖掘機

bagr

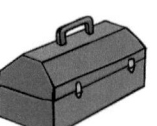

工具箱

skříň na nářadí

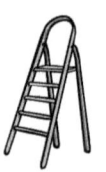

梯子

žebřík

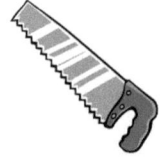

鋸子

pila

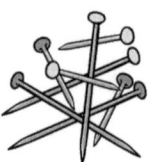

釘子

hřebíky

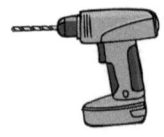

鑽機

vrtačka

修
opravit

鏟子
lopata

糟糕！
Kurva!

畚箕
lopatka

油漆桶
vědroé na barvu

螺絲
šrouby

樂器

hudební nástroje

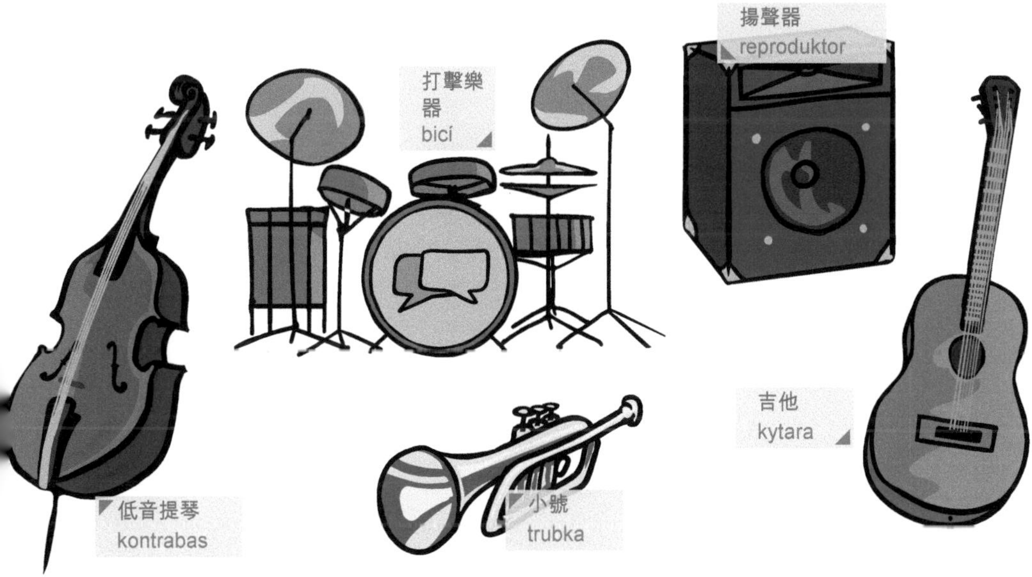

揚聲器
reproduktor

打擊樂器
bicí ◢

吉他
kytara ◢

◤ 低音提琴
kontrabas

小號
trubka

鋼琴

klavír

小提琴

housle

貝斯

basa

定音鼓

tympán

鼓

bubny

電子琴

keyboard

薩克斯風

saxofon

長笛

flétna

麥克風

mikrofon

動物園

ZOO

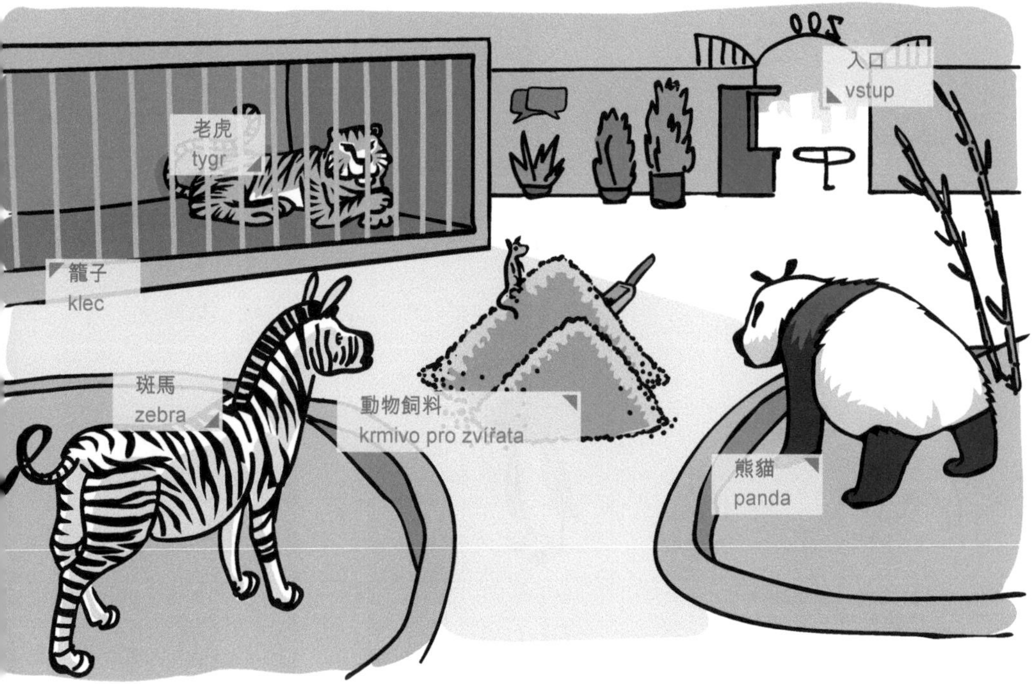

入口
vstup
老虎
tygr
籠子
klec
斑馬
zebra
動物飼料
krmivo pro zvířata
熊貓
panda

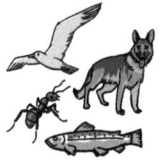

動物

zvířata

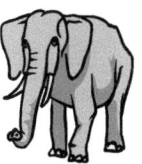

大象

slon

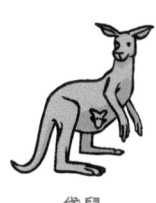

袋鼠

klokan

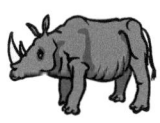

犀牛

nosorožec

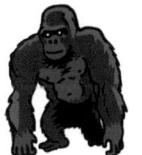

大猩猩

gorila

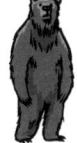

熊

medvěd

駱駝

velbloud

鴕鳥

pštros

獅子

lev

猴子

opice

紅鶴

plameňák

鸚鵡

papoušek

北極熊

lední medvěd

企鵝

tučňák

鯊魚

žralok

孔雀

páv

蛇

had

鱷魚

krokodýl

動物園管理員

ošetřovatel zvířat

海豹

tuleň

美洲豹

jaguár

矮種馬

poník

豹

leopard

河馬

hroch

長頸鹿

žirafa

老鷹

orel

野豬

divoké prase

魚

ryby

龜

želva

海象

mrož

狐狸

liška

羚羊

gazela

橄欖球
americký fotbal

騎腳踏車
cyklistika

網球
tenis

籃球
košíková

游泳
plavání

拳擊
box

冰球
lední hokej

美式足球
kopaná

羽毛球
badminton

田徑
lehká atletika

手球
házená

滑雪
běh na lyžích

馬球
vodní pólo

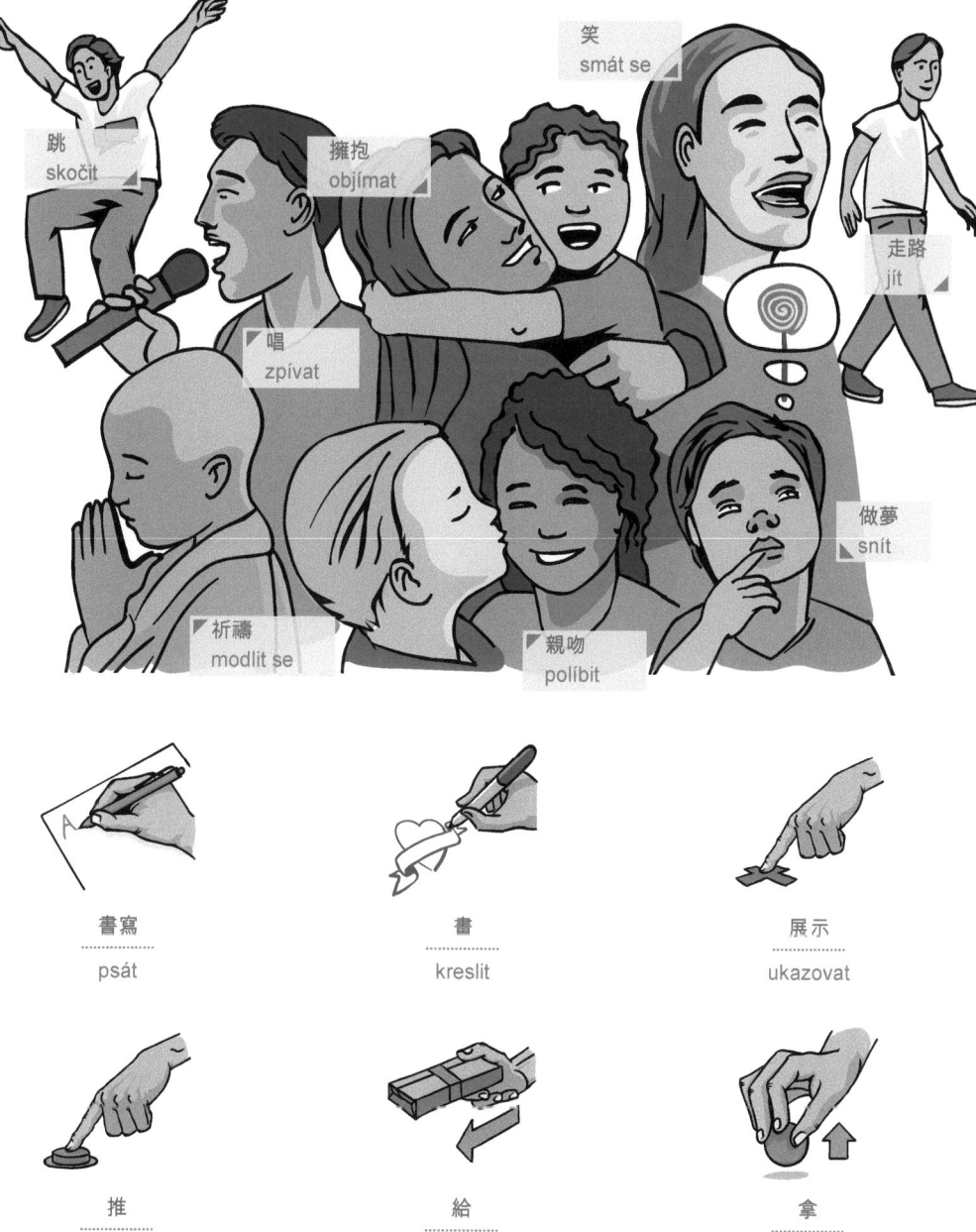

笑
smát se

跳
skočit

擁抱
objímat

走路
jít

唱
zpívat

祈禱
modlit se

親吻
políbit

做夢
snít

書寫
psát

書
kreslit

展示
ukazovat

推
tlačit

給
dát

拿
vzít si

有

mít

做

dělat

當

být

站

stát

跑

běhat

拉

táhnout

丟

hodit

摔倒

padat

躺

ležet

等待

čekat

攜帶

nosit

坐

sedět

穿衣

oblékat

睡覺

spát

醒來

vzbudit se

看

prohlédnout si

哭

plakat

擊

pohladit

梳頭

česat

交談

hovořit

明白

rozumět

問

ptát se

聽

slyšet

喝

pít

吃

jíst

清理

uklidit

愛

milovat

做飯

vařit

開車

jet

飛

letět

航行

plachtit

計算

počítat

讀

číst

學習

učit se

工作

pracovat

結婚

vzít si

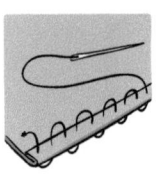

縫

šít

刷牙

čistit si zuby

殺

zabít

抽菸

kouřit

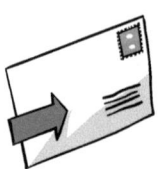

寄

poslat

祖母
babička

祖父
dědeček

父親
otec

母親
matka

嬰兒
dítě

女兒
dcera

兒子
syn

客人

host

阿姨

teta

叔叔

strýc

兄弟

bratr

姐妹

sestra

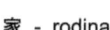

身體
tělo

前額
čelo
眼睛
oko
肩膀
rameno
手指
prst
臉
obličej
下巴
brada
手
ruka
腿
dolní končetina
乳房
hruď
手臂
paže

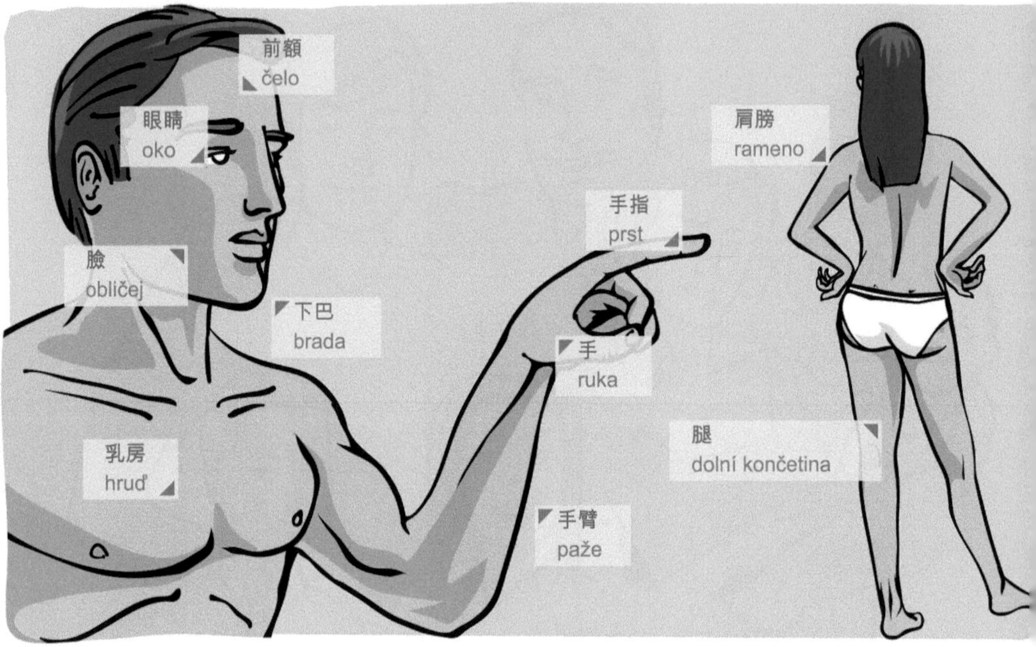

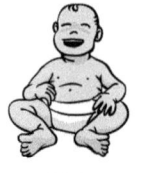

嬰兒

dítě

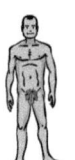

男人

muž

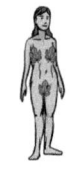

女人

žena

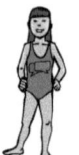

女孩

dívka

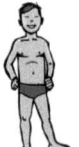

男孩

chlapec

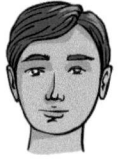

頭

hlava

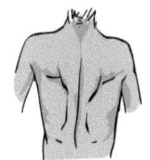

背部
záda

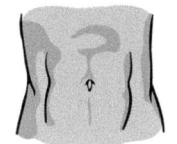

肚子
břicho

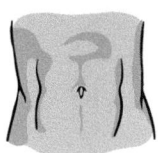

肚臍
pupík

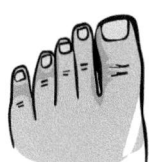

腳趾
prst na noze

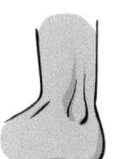

腳後跟
pata

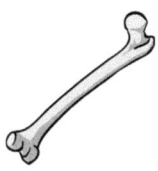

骨頭
kost

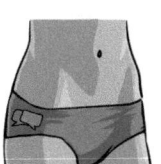

臀部
bok

膝蓋
koleno

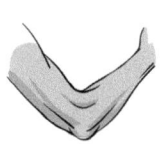

手肘
loket

鼻子
nos

屁股
zadek

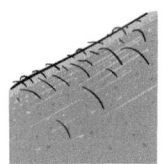

皮膚
kůže

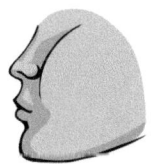

臉頰
tvář

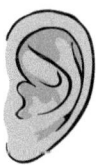

耳朵
ucho

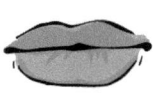

嘴唇
ret

嘴
ústa

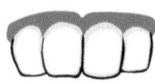

牙齒
zub

舌頭
jazyk

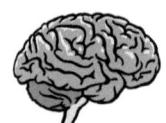

腦
mozek

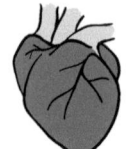

心臟
srdce

肌肉
sval

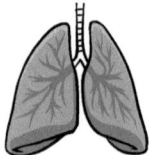

肺
plíce

肝臟
játra

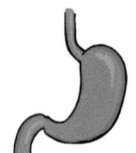

胃
žaludek

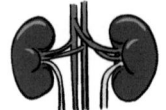

腎臟
ledviny

性交
pohlavní styk

保險套
kondom

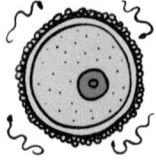

卵子
vajíčko

精子
sperma

懷孕
těhotenství

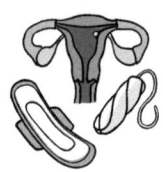

月事

menstruace

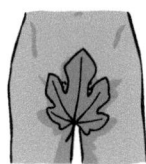

陰道

vagina

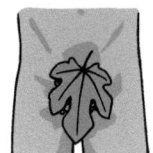

陰莖

penis

眉毛

obočí

頭髮

vlasy

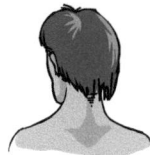

脖子

krk

醫院

nemocnice

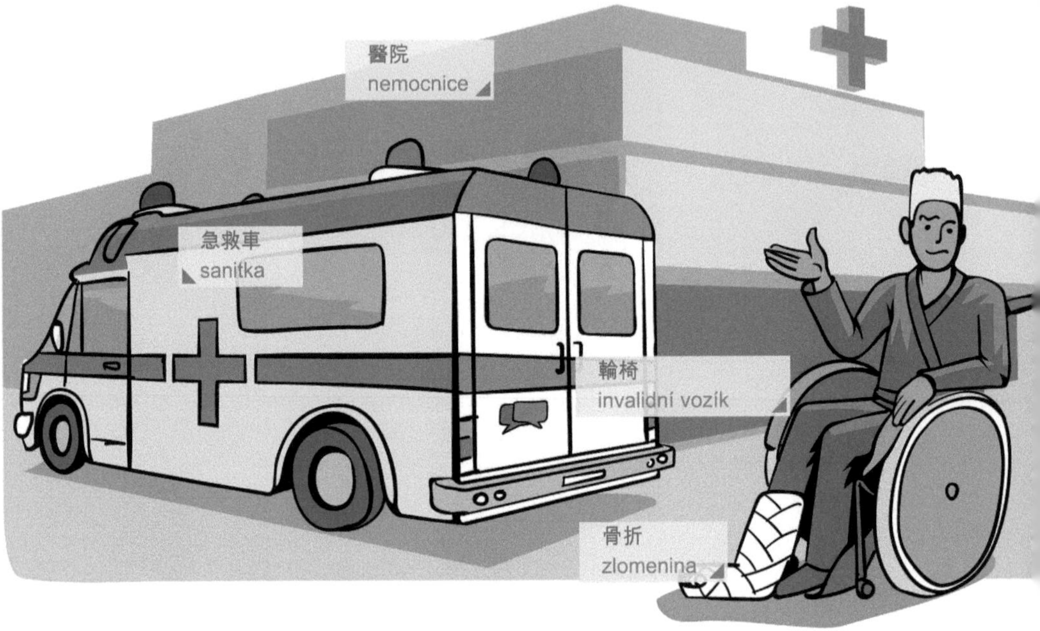

醫院
nemocnice
急救車
sanitka
輪椅
invalidní vozík
骨折
zlomenina

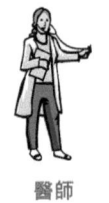

醫師

lékař

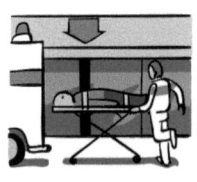

急診室

pohotovost

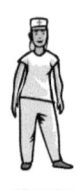

護理師

zdravotní sestra

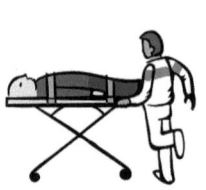

緊急情形

urgentní případ

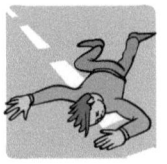

昏迷

v bezvědomí

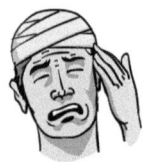

痛

bolest

受傷

úraz

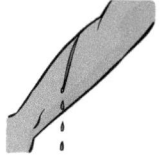

出血

krvácení

心臟病發作

infarkt myokardu

中風

cévní mozková příhoda

過敏

alergie

咳嗽

kašel

發燒

horečka

流感

chřipka

腹瀉

průjem

頭痛

bolest hlavy

癌症

rakovina

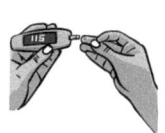

糖尿病

cukrovka

外科醫師

chirurg

手術刀

skalpel

手術

operace

電腦斷層掃描
CT

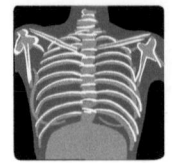

X光
rentgen

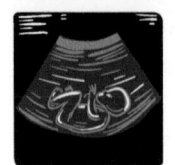

超音波
ultrazvuk

口罩
maska

疾病
nemoc

候診室
čekárna

拐杖
berle

石膏
náplast

繃帶
obvaz

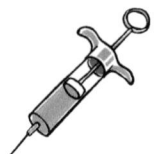

注射
injekce

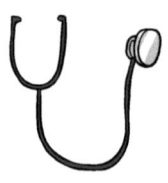

聽診器
stetoskop

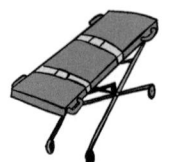

擔架
nosítka

體溫計
teploměr

出生
porod

超重
nadváha

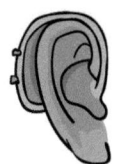

助聽器

naslouchátko

消毒液

dezinfekční prostředek

感染

infekce

病毒

virus

愛滋病

HIV / AIDS

藥物

lékařství

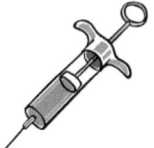

接種疫苗

očkování

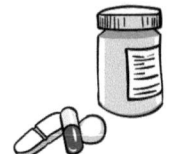

藥片

tablety

藥丸

pilulka

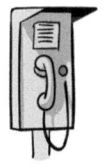

急救電話

tísňové volání

血壓計

tonometr

生病/健康

nemocný / zdravý

救命！

Pomoc!

警報

poplach

突擊

přepadení

攻擊

napadení

危險

nebezpečí

緊急出口

nouzový východ

失火了！

Hoří!

滅火器

hasicí přístroj

意外

nehoda

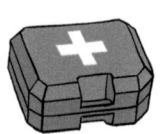

急救箱

zdravotnická brašna

呼救訊號

SOS

員警

policie

歐洲

Evropa

北美洲

Severní Amerika

南美洲

Jižní Amerika

非洲

Afrika

亞洲

Asie

澳洲

Austrálie

大西洋

Atlantik

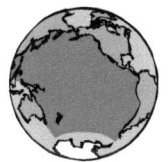

太平洋

Pacifik

印度洋

Indický oceán

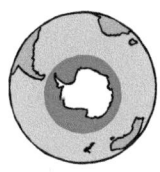

南冰洋

Jižní ledový oceán

北冰洋

Severní ledový oceán

北極

severní pól

南極

jižní pól

南極洲

Antarktida

地球

země

陸地

pevnina

海

moře

島

ostrov

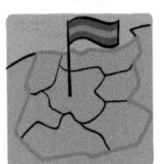

國家

národ

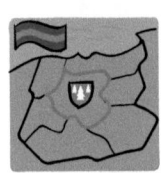

州

stát

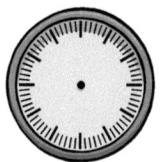

錶盤

ciferník

時針

hodinová ručička

分針

minutová ručička

秒針

vteřinová ručička

現在幾點？

Kolik je hodin?

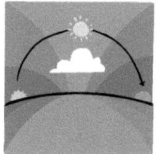

天

den

時間

čas

現在

teď

電子錶

digitální hodinky

分

minuta

時

hodina

週

týden

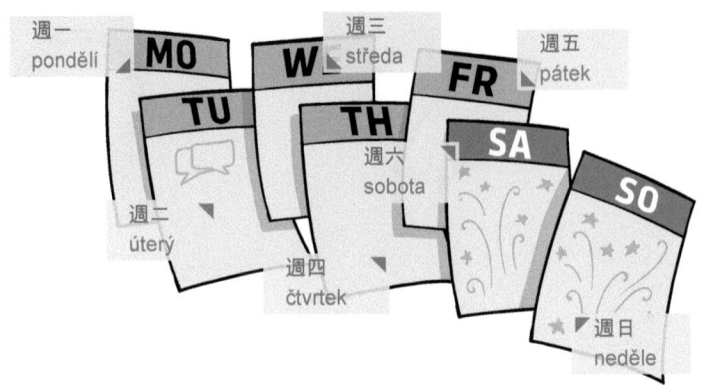

週一 – pondělí
週二 – úterý
週三 – středa
週四 – čtvrtek
週五 – pátek
週六 – sobota
週日 – neděle

昨天
....
včera

今天
....
dnes

明天
....
zítra

早晨
....
ráno

中午
....
poledne

晚上
....
večer

工作日
....
pracovní dny

週末
....
víkend

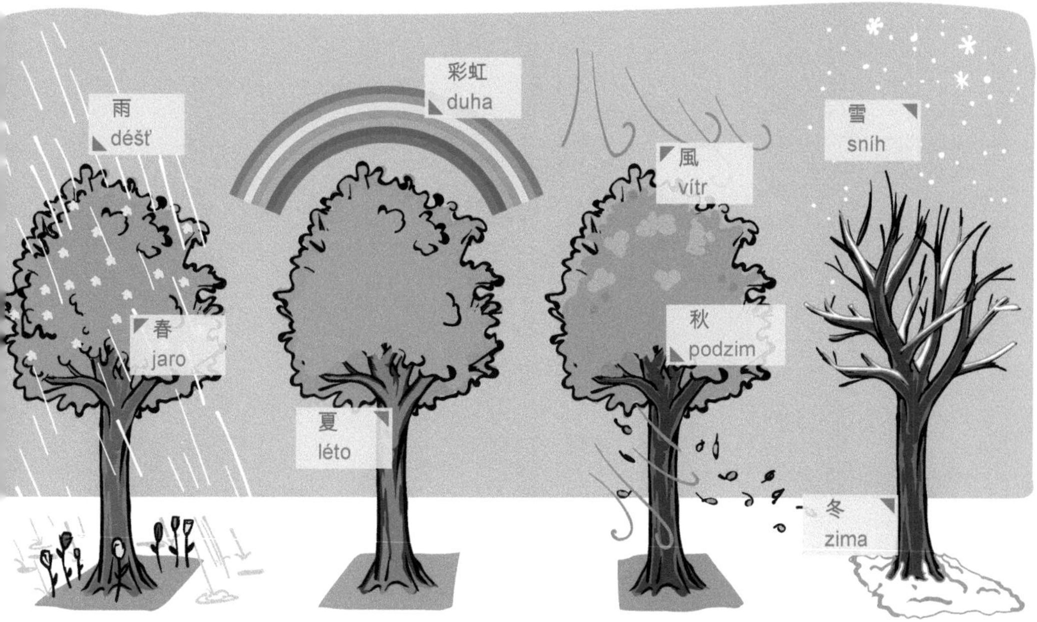
雨
déšť
彩虹
duha
雪
sníh
風
vítr
春
jaro
秋
podzim
夏
léto
冬
zima

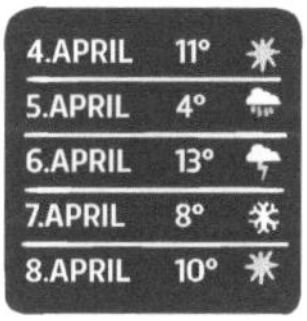
4.APRIL 11°
5.APRIL 4°
6.APRIL 13°
7.APRIL 8°
8.APRIL 10°

天氣預告

předpověď počasí

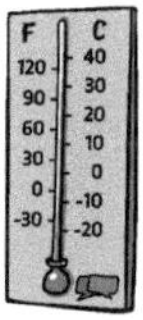
F C
120 40
90 30
60 20
30 10
0 0
-30 -10
-20

溫度計

teploměr

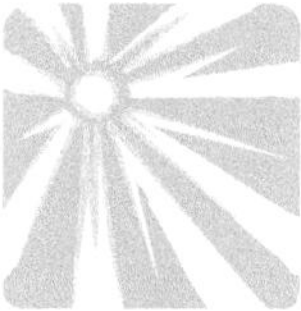

陽光

sluneční svit

雲

mrak

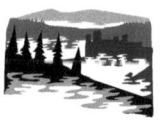

霧

mlha

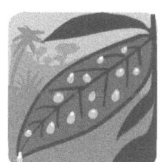

潮濕

vlhkost

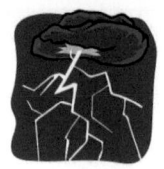

閃電

blesk

打雷

hrom

風暴

bouřka

冰雹

kroupy

季風

monzun

洪水

povodeň

冰

led

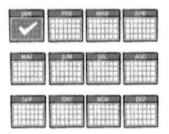

一月

leden

二月

únor

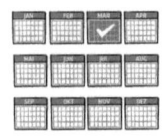

三月

březen

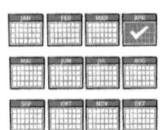

四月

duben

五月

květen

六月

červen

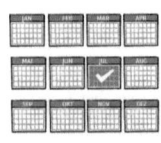

七月

červenec

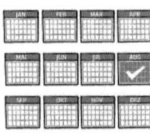

八月

srpen

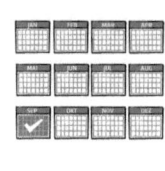

九月

zǎří

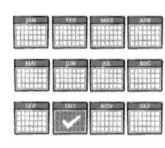

十月

říjen

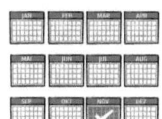

十一月

listopad

十二月

prosinec

圓形

kruh

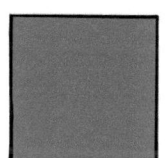

正方形

čtverec

長方形

obdélník

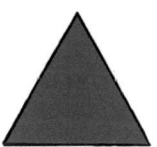

三角形

trojúhelník

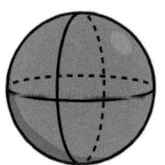

球體

koule

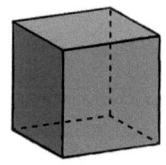

立方體

krychle

白
bílá

黃
žlutá

橙
oranžová

粉
růžová

紅
červená

紫
fialová

藍
modrá

綠
zelená

棕
hnědá

灰
šedá

黑
černá

很多/少許

hodně / málo

生氣/平靜

rozzuřený / mírumilovný

美/醜

krásný / ošklivý

首/尾

začátek / konec

大/小

velký / malý

明/暗

světlý / tmavý

兄弟/姐妹

bratr / sestra

乾淨/骯髒

čistý / špinavý

完整/缺失

úplný / neúplný

白天/晚上

den / noc

死/生

mrtvý / živý

寬/窄

široký / úzký

可食用/非食用

jedlý / nejedlý

邪惡/善良

zlý / hodný

興奮/無聊

vzrušený / znuděný

胖/瘦

tlustý / hubený

第一/最後

nejdříve / naposledy

朋友/敵人

přítel / nepřítel

滿/空

plný / prázdný

硬/軟

tvrdý / měkký

重/輕

těžký / lehký

餓/渴

hlad / žízeň

生病/健康

nemocný / zdravý

非法/合法

ilegální / legální

聰明/愚笨

inteligentní / hloupý

左/右

vlevo / vpravo

近/遠

blízko / daleko

新/舊

nový / použitý

沒有/有些

nic / něco

老/幼

starý / mladý

開/關

zapnutý / vypnutý

打開/闔上

otevřeno / zavřeno

安靜/吵鬧

tichý / hlasitý

富/窮

bohatý / chudý

對/錯

správný / špatný

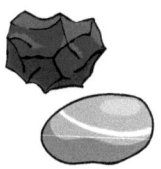

粗糙/光滑

drsný / hladký

傷心/高興

smutný / šťastný

短/長

krátký / dlouhý

慢/快

pomalý / rychlý

濕/乾

vlhký / suchý

溫暖/涼爽

teplý / chladný

戰爭/和平

válka / mír

0

零

nula

1

一

jedna

2

二

dva

3

三

tři

4

四

čtyři

5

五

pět

6

六

šest

7

七

sedm

8

八

osm

9

九

devět

10

十

deset

11

十一

jedenáct

12

十二

dvanáct

13

十三

třináct

14

十四

čtrnáct

15

十五

patnáct

16

十六

šestnáct

17

十七

sedmnáct

18

十八

osmnáct

19

十九

devatenáct

20

二十

dvacet

100

百

sto

1.000

千

tisíc

1.000.000

百萬

milion

數字 - čísla

英語

angličtina

美式英語

americká angličtina

普通話

standardní čínština

印地語

hindština

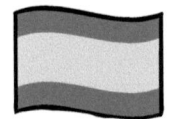

西班牙語

španělština

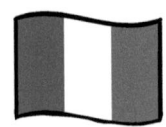

法語

francouzština

阿拉伯語

arabština

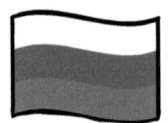

俄語

ruština

葡萄牙語

portugalština

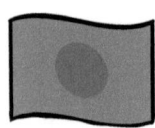

孟加拉語

bengálština

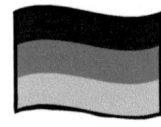

德語

němčina

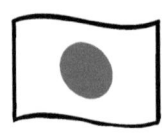

日語

japonština

我

já

你

ty

他/她/它

on / ona / ono

我們

my

你們

vy

他們

oni

誰？

Kdo?

什麼？

Co?

如何？

Jak?

何處？

Kde?

何時？

Kdy?

名字

jméno

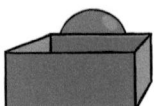

後面

za

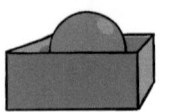

裡面

do

前面

z

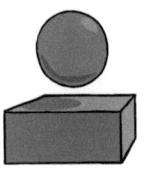

上方

nad

上面

na

下麵

mezi

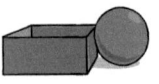

旁邊

vedle

中間

mezi

地點

místo